LE DINER,

SUIVI

DES RÈGLES DU JEU DE PIQUET,

PAR

UN GASTRONOME LORRAIN.

PRIX :
1 franc 50 centimes.

NANCY,
CHEZ DARD, IMPRIMEUR-LIBRAIRE ÉDITEUR,
ET CHEZ Mlle GONET, LIBRAIRE.

MDCCCXLII.

LE DINER.

LE GASTRONOME.

Les jeunes gens, d'estomac vigoureux, ont souvent le bonheur d'éprouver une faim dévorante, qui leur permet de trouver délicieux les mets les plus lourds, les plus bizarres dans leur composition; de se régaler d'une poitrine de veau aux marrons, d'une volaille farcie de saucisses, de punch aux œufs, etc., etc. : par eux, les cuisiniers les plus médiocres peuvent être reconnus pour maîtres. Ce ne sont point là des gastronomes, mais des gourmands; les friands, qui aiment les mets sucrés et à parfum, ne sont pas plus gastronomes que ne le sont les gens riches qui recherchent les plats rares et fort chers, sans s'inquiéter s'ils sont bons; il suffit à leur amour-propre que beaucoup d'autres ne puissent se procurer ces raretés. Le gastronome n'est ni gourmand, ni friand, ni grand amateur de choses rares. S'il est jeune, il est d'une santé délicate; mais ordinairement c'est un gourmand en retraite, qui approche de la soixantaine, dont les voies digestives sont affaiblies, les dents mauvaises : l'expérience qu'il a acquise dans les nombreux et somptueux dîners auxquels il a pris part, lui apprend à discerner les moyens de se nourrir agréablement, sans trop surcharger son estomac, à conserver après ses repas la lucidité de son esprit; il est difficile sur le choix des aliments, il ne consomme pas beaucoup, mais il consomme avec choix; il sait profiter du peu de ressources à sa disposition; il trouve moyen, avec des choses communes, de créer des plats excellents; il sait faire passer à ses convives des heures de bonheur, sans compromettre leur santé, ni même leur sommeil.

La gastronomie est une haute science, qui forme la partie la plus essentielle de l'hygiène; elle ne peut être trop étudiée par les médecins. Bien connue, elle doit prolonger l'existence, procurer des jouissances qui remplacent celles qu'on demandait autrefois à l'amour et à l'ambition. L'amitié et la gastronomie doivent être les compagnes de la vieillesse.

Sans me poser en professeur, comme le faisait le conseiller Brillat-Savarin, je crois pouvoir intéresser ceux qui mettent quelque importance à se nourrir convenablement, en donnant l'exemple d'un repas que je crois digne d'être offert à des gastronomes.

CONVIVES.

Il faut, pour dîner agréablement, des convives; si être seul pour procéder à cette importante opération est une chose triste, être en foule est fort incommode et non moins fâcheux. Je proclame que pour être bien, on ne doit pas être plus de huit à dix personnes à table; je suppose le maître et la maîtresse de la maison et six convives invités, tous six déjà d'un certain âge. Dans les invités, je ne comprends ni dames ni enfants : les dames et les enfants gênent; l'usage veut que l'homme, même aux cheveux blancs, cède la meilleure place à une jeune demoiselle, attende que celle-ci ait satisfait ses désirs, se soit servie, avant de prendre ce qu'il désire. Les jeunes gens, comme les demoiselles, inspirent une retenue qui met obstacle à ce que les convives puissent se livrer à une certaine gaîté, qui, sans être trop grivoise, est quelquefois déplacée devant eux. Le triomphe des femmes n'est point à table, mais au bal, au salon ou au milieu de leur aimable famille. Les femmes, toutes friandes qu'elles sont généralement, savent rarement apprécier le mérite d'une entrée; bien plus rarement encore elles mangent avec grâce; leur coquetterie à table est tout-à-fait hors de saison; elles y perdent souvent les admirateurs qu'elles se sont créés dans les autres relations sociales.

Ainsi, à l'exception de la maîtresse de la maison, d'une quarantaine d'années, tous les autres convives sont hommes et à peu près du même âge. Ils doivent se présenter au salon sans chapeau. On s'étonnera qu'il me paraisse utile de faire cette remarque; mais beaucoup de gens invités en soirée ou à dîner ne croient pas devoir quitter leurs chapeaux avant d'avoir avec lui salué les maîtres de la maison, et après, ils encombrent les meubles de leurs coiffures, souvent les tachent. Rien n'est plus gênant que les amas de chapeaux. Quand on fait visite, il faut avoir le chapeau à la main et on doit le conserver; mais lorsqu'on est invité, qu'on doit rester, qu'on doit faire partie de la maison pendant un certain temps, au lieu de venir déposer son chapeau dans le salon, on doit le laisser, avec son manteau, sa canne ou son parapluie, dans l'antichambre ou sur les palliers.

LE COUVERT, LA TENUE DE TABLE.

Autrefois, chez les grands, chaque convive avait un domestique pour le servir; les bouteilles et les carafes n'étaient point posées sur la table; on était obligé de demander à boire à son valet. Le maître-d'hôtel était présent, ainsi que les écuyers tranchants, et vous n'obteniez d'un plat que par l'intermédiaire de votre domestique. C'était réellement le maître-d'hôtel qui faisait les honneurs de la table et qui distribuait à ses protégés les bons morceaux. Quelques grands de nos jours ont perfectionné cette pratique en mettant sur les assiettes la carte du dîner en mets et en vins, et en donnant aux domestiques des gants blancs. Alors on est à peu près comme chez un traiteur, on demande ce qu'on veut : voilà les dîners représentatifs, où les convives sont sans gaîté, moins à leur aise que chez un restaurateur. On peut se trouver honoré, flatté d'assister à une semblable réunion, mais il est rare qu'on puisse dire qu'on y a dîné agréablement.

La gêne, l'inconvénient de cette masse de domestiques firent naître une pratique tout opposée, qui consiste à ne laisser entrer les domestiques dans la salle que pour servir et pour desservir. Chaque convive a près de lui, derrière et de côté, une petite table appelée servante, sur laquelle se trouvent bouteilles, carafes, un huilier, des épices, des citrons, des assiettes et des couverts : une servante sert pour deux convives, qui alors changent eux-mêmes leurs assiettes, se versent à boire, font aux sauces les changements qui leur conviennent. On peut dire ce que l'on veut sans craindre l'indiscrétion des domestiques. Ces dîners s'appellent diplomatiques, parce que l'on peut, en y bien mangeant, traiter les affaires les plus importantes. Cet usage était fort en vogue sous la terreur, temps où l'on redoutait les dénonciations des domestiques. Louis XV, dans des vues différentes, était parvenu à se passer même de domestiques pour desservir. Après un service consommé, la table s'enfonçait dans le plancher et était remplacée par une table remontante qui apportait le service suivant. Certes, cette seconde manière de dîner est bien préférable à la première.

Maintenant, il s'est introduit un usage nouveau : le vin et l'eau sont dans des carafes posées sur la table; les domestiques sont en gants blancs; toutes les fois qu'ils vous changent d'assiettes, ils vous changent de couverts et de couteaux. Pour le dessert, on vous donne de nouvelles serviettes et on met un nouveau surtout de table. Cet usage, qui, je crois, vient d'Angleterre, doit être rejeté comme gênant et souvent malpropre. Il est peu de maisons qui aient un assez grand nombre de couverts pour pouvoir, dans un repas, en donner une douzaine à chaque convive : on est donc obligé d'avoir, pendant le dîner, une relaveuse de couverts. La précipitation avec laquelle on fait le lavage permet rarement qu'il soit bien fait. On vous remet des couverts qui sont encore tièdes; en les touchant, il semblerait qu'ils sortent à l'instant de la bouche de votre voisin. J'ai une aversion prononcée pour cette pratique. Un convive, qui s'en trouvait impatienté, ayant prié le maître de la maison de le dispenser de cet usage et d'ordonner aux domestiques de lui laisser son couvert, celui-ci, pour toute réponse, lui dit que c'était un usage établi dans sa maison et qu'il fallait s'y conformer. Ce convive sut se venger du refus désobligeant qu'il avait éprouvé. Voici comment. A quelque temps de là, cet amphitryon étant allé, sur l'invitation du plaignant, passer quelques jours dans une maison de campagne habitée par celui-ci, fut étrangement surpris quand, au milieu de la nuit, des domestiques vinrent le réveiller pour changer les draps de son lit; il eut beau protester contre un semblable procédé, si contraire à son repos, il fallut qu'il s'exécutât de bonne grâce, le maître de la maison étant venu lui répéter : C'est l'usage chez moi, il faut s'y conformer.

Étant en voyage et à table d'hôte, j'y rencontrai un jeune élégant, qui, en rendant son assiette, y mettait son couvert; mais comme il posait toujours celui-ci sur la partie concave au lieu de le poser sur la partie convexe, le domestique qui relevait les assiettes laissa plusieurs fois tomber ou la fourchette ou la cuillère sur une élégante dame, sa voisine. Cette observation me fit parier avec succès que ce musqué personnage était un tout frais parvenu : effectivement, c'était le fils d'un tailleur. Les gens habitués à manger sans nappe posent ordinairement leurs couverts sur la partie concave : ainsi placés sur une assiette, ils glissent facilement. La plupart des paysans en agissent de même. Ils ont aussi l'usage, quand vous allez les voir, de vous offrir le siége qu'ils occupaient, pour en prendre un autre, procédé inconvenant sous tous les rapports, n'y eût-il dans tout l'appartement que le fauteuil occupé par le maître.

Ainsi, à notre table, nous n'aurons pas autant de domestiques que de convives, nous n'aurons pas non plus de tables-servantes; les bouteilles et carafons, contenant vin et eau, seront placés devant chaque convive, soit à droite, soit à gauche; les salières, poivrières sont assez multipliées pour que chacun puisse y puiser sans le secours du voisin : il s'en trouve entre chaque deux convives. Chacun a un verre plat, deux verres à pied de grandeur différente; il se trouve sur la table un ou deux tais-sarcotômes avec leurs fourchettes dans la gaîne. (Tai-sarcotôme est le nom qu'on a donné à un couteau à trois lames de notre invention.) Cet instrument, avec une fourchette qui lui est appropriée, hache en quelque sorte les viandes, et convient aux gens édentés, pour manger le bœuf, le dindon et les grosses viandes. On est assis dans un fauteuil, ce qui espace les personnes de manière à ce qu'on est fort à l'aise; le service se fait par deux domestiques seulement : le valet de chambre de monsieur, de son côté, la femme de chambre de madame, du côté de celle-ci; ils sont aidés par les autres domestiques de la maison lors du changement de service.

La salle à manger doit être bien éclairée, bien chauffée par un poêle en faïence et non pas en fonte; si le poêle est à système, il doit prendre son courant d'air de l'extérieur et non de l'intérieur de l'appartement; la température ne doit pas être élevée à plus de dix degrés de Réaumur. L'appartement est orné de deux seuls tableaux : l'un représentant le renard qui donne à manger à la cigogne, et l'autre, la cigogne qui donne à manger au renard. Ces tableaux, qui devraient se trouver dans toutes les salles à manger, apprendraient aux convives que si l'amphitryon n'a point, pour le tout, conformé son repas aux goûts des invités, on ne saurait lui en faire de reproches, chacun croyant faire pour le mieux en fournissant ce qu'il aime le plus; et les hautes capacités, qui apprécient chez les autres leurs besoins, leurs goûts, qui savent que la fortune ne permet pas toujours de fournir ce qui serait agréable à certains invités, sont trop rares pour ne pas faire un principe général d'être reconnaissant de tout repas offert, ne vous eût-on donné que du gargotage; parce qu'enfin, en vous invitant, on a cru vous faire plaisir, et que sûrement on a augmenté sa dépense pour vous recevoir : ce qui n'est pas bon pour vous est probablement délicieux pour celui qui vous l'offre. Je me souviens d'avoir pris part à un dîner où pas un plat n'était de mon goût; toutes les sauces étaient aux oignons; on en avait même fait une tarte, la seule que j'aie vu de ma vie; une tarte aux oignons! Il y avait des citrouilles accommodées, des salades de concombres, des cornichons partout : le rôti était farci d'aulx; à la vérité, les vins étaient délicieux. Quoique de ma vie je n'eusse assisté à un repas qui fût plus en désaccord avec mon goût et les besoins de mon estomac, je n'en témoignai pas moins de reconnaissance à mon amphitryon que s'il m'eût offert les choses les plus agréables. J'en fus quitte pour être souffrant pendant deux jours.

Ainsi, ami lecteur, je vous recommande l'indulgence, et si les mets dont je vais vous donner la description ne sont point à votre convenance, ne jugez point affirmativement qu'ils ne sont pas présentables : d'autres s'en contenteront. Les Hollandais, les Anglais, les Italiens, les Russes et les Français ont des goûts différents, et tous les jours on trouve des gens qui regardent comme détestable ce que d'autres trouvent délicieux. Savoir approprier un repas au goût de ses convives est un talent rare, dans lequel nous croyons avoir eu quelquefois des succès.

COMPOSITION DU DINER.

Premier service.

Potage posé sur la console; sur la table, au centre, un filet de bœuf; aux coins, un brochet; vis-à-vis, un plat de perches au suprême, des fricandeaux sur chicorée; vis-à-vis, un canard truffé. — Hors-d'oeuvre : Beurre, radis, anchois et olives, passe-pierre, cornichons.

Tous les mets que nous indiquons sont indigènes; leur mérite consiste dans la manière dont ils doivent être préparés. Nous allons donner la recette de ces préparations.

Le *potage* doit être composé de tous les légumes frais qu'on peut se procurer ou qu'on a pu garder : petites carottes, haricots verts, petits pois, pointes d'asperges, pommes de terre, fèves de marais, porreaux, choux, etc. Tous ces légumes n'offrent pas la même difficulté de cuisson; il faut les mettre successivement au pot en suivant l'ordre des difficultés. Ainsi, les petites carottes les premières, haricots ensuite; si l'on y met des porreaux, il faut les lier pour pouvoir les retirer. On ne les emploie que pour donner du goût au bouillon et non pour les faire manger. Si l'on a des choux, il faut les faire cuire séparément, et ne les mettre au pot que secoués de leur premier bouillon, étant sur le point d'être cuits. Lorsque tous les légumes sont arrivés à une parfaite cuisson, on met seulement le meilleur beurre frais possible, et on sale d'une manière convenable. Sitôt que le beurre est bien fondu, incorporé à la masse, la chaleur rétablie, on verse le bouillon sur une certaine quantité de jaunes d'œufs, avec lesquels on le mélange, on ajoute de la jeune crême et on verse le tout, compris les légumes, dans une soupière où doivent se trouver des croûtes de pain cassées et en quantité égale à la masse des légumes. Le potage ainsi confectionné est fort délicat et léger.

Principe fondamental culinaire. — Lorsque, dans une composition quelconque, doit entrer le beurre frais comme assaisonnement principal, jamais on ne doit le faire cuire au bouillon, ni long-temps, car alors il perd sa qualité de beurre frais et prend le goût de beurre fondu, et il faut alors écumer: cela n'empêche pas que le beurre ne puisse acquérir une haute chaleur; il faut seulement qu'elle n'aille pas jusqu'à l'ébullition.

Le *filet de bœuf* se trouve dans presque tous les repas, mais il est bien rare d'en trouver de convenablement accommodé. On croit le parer en lardant; c'est là où le défaut de jugement du cuisinier se fait le mieux sentir. Le lardement, en général, ne convient guère : il présente des petits bouts de lard qui échappent à l'action des dents, sont d'un goût désagréable et d'une lourde digestion. Le cuisinier qui veut faire parade de son talent à larder doit le réserver pour certains rôtis, comme dindons et perdreaux. On ne doit larder que par exception : ce qui peut convenir aux étouffées ne convient pas aux autres ragoûts; mais larder un filet de bœuf, est un péché culinaire irrémissible. Il faut que le jus du bœuf reste bien concentré;

piquer le morceau, c'est faire autant d'ouvertures par lesquelles le jus, que l'on doit conserver, s'échappe. Voici comment le filet de bœuf doit être accommodé : Chauffez une tourtière, dans laquelle on a mis plusieurs paquets de fines herbes, du bouillon ou du beurre, des tranches d'oignons. Quand la tourtière est bien chaude, vous y mettez votre filet, que vous recouvrez de suite du four, qui doit être plus chaud encore que la tourtière. Une fois que votre filet a été saisi par la chaleur, que son enveloppe s'est assez durcie pour empêcher le jus intérieur de sortir, vous diminuez la forte chaleur en enlevant le four. Vous le rétablissez après, mais moins chaud, vous faites cuire votre morceau à un feu ordinaire, et vous avez soin de donner souvent de l'air et de retourner le filet. Pour sauce, vous passez ce qui se trouve dans le fond de la tourtière et vous y ajoutez du beurre d'anchois. Au lieu de beurre d'anchois, que tout le monde sait faire, on peut mettre un jus de ver de terre.

Je vois le lecteur s'épouvanter d'une prescription semblable; des vers! rien ne le répugne tant. C'étaient sans doute des hommes très-courageux et pressés par la faim, que ceux qui, les premiers, mangèrent des écrevisses, des grenouilles, des escargots, des serpents, des couleuvres et des crabes! La célèbre improvisatrice Morelli, connue sous le nom de Corilla-Olympica, faisait ses délices de mets composés avec des araignées. Comme les personnes exemptes de préjugés ou de répugnances inconsidérées sont très-rares, faites faire cette prescription sans en prévenir vos convives, et ils seront fort étonnés de trouver délicieuse votre sauce; ils la croiront faite avec des débris de bécasses. Ce qui donne à la bécasse son fumet particulier, ce sont les vers dont elle se nourrit. Voici comment on doit préparer ces vers, qui doivent être choisis parmi les rouges qui se trouvent ordinairement près des couches, dans les pots où l'on a mis du bon terreau, dans les racines des plantes ou dans les mares fréquentées par les bécasses. On les pile, on y ajoute sel, poivre, un peu d'échalote; on fait cuire dans du vin et de l'eau. Lorsque cette composition commence à se réduire, on la retire on la jette dans la tourtière avec la sauce qui s'y trouve déjà, et on passe le tout, qui sert de sauce au filet.

Le *brochet* doit être acheté vivant ou le plus frais possible. Après l'avoir vidé, raclé les écailles, nettoyé, vous l'enveloppez dans une serviette et vous le ficelez. Vous pouvez, dans la poissonnière, mettre des épices avec des aulx et autres objets qu'on y met ordinairement; mais point de graisse, ni beurre. Ce qu'il importe, c'est de mettre dans la poissonnière du vin gelé. Quand on n'a pas de vin gelé, qu'on met du vin ordinaire, on doit ajouter un ou deux petits verres d'eau-de-vie. La poissonnière ainsi garnie se met au feu, et on n'y met le poisson, ficelé comme il a été dit, que lorsque la poissonnière est à haut bouillon; alors le poisson est saisi, le bouillon, refroidi par le survenant du poisson, s'arrête et se rétablit ensuite. Dix minutes après que le bouillon est bien rétabli, on retire la poissonnière du feu, on la laisse refroidir de manière à venir à une température tiède, et le poisson est cuit; on ne le tient dans cette température que le moins long-temps possible, le temps nécessaire pour servir. Pour sauce, on fait fondre du beurre frais avec crême; on y jette du jus de tomates en assez grande quantité pour que la sauce soit suffisamment colorée et sente bien le goût du fruit; on peut mettre pour garniture des queues d'écrevisses, qu'on a pu faire cuire en même temps que le brochet, et des semences de capucines, confites au vinaigre. Il faut bien se garder de mettre dans la sauce du court-bouillon provenant de la poissonnière. Le brochet ainsi préparé est blanc, bien ferme; il ne prend que l'assaisonnement qui lui est nécessaire pour n'être pas fade; il est délicieux et ne ressemble en rien à la plupart de ceux qu'on rencontre journellement sur les tables. Le brochet ne se réchauffe pas avec sa sauce : ce qui peut en rester doit être mangé à froid, à l'huile et au vinaigre. Si l'on veut le réchauffer, il faut le remettre dans la poissonnière et composer une nouvelle sauce.

Pour les *fricandeaux*, prenez des tranches de veau de l'épaisseur de deux doigts au plus, entourez-les de fines tranches de jambon, de manière à bien envelopper le veau; maintenez l'enveloppe avec du fil et faites cuire dans cet état avec oignons, fines herbes, bouillon, etc., comme on fait cuire les fricandeaux partout. Après avoir blanchi la chicorée, faites-la cuire avec de bon beurre; un peu avant que la cuisson ne soit complète, jettez-y du jus de vos fricandeaux, enlevez ensuite tout le jus et mettez en place de la crême manipulée, de manière à bien saturer la totalité de la chicorée, qui doit devenir blanche comme la crême même, mais compacte, sans laisser couler la crême. Mettez vos fricandeaux sans leur enveloppe sur la chicorée et servez : tout ce plat doit être blanc comme neige.

Si le *canard* ne jouit pas de toute l'estime qui lui est due, c'est qu'on ne connaît pas le mérite de cet animal. Il est celui, je crois, qui s'impressionne le plus de la nature de ses aliments. Un canard va-t-il au marais, il sent le marais; va-t-il à l'eau vive, il sent son odeur naturelle, qui n'a rien de remarquable. Mais nourrissez-le avec des vers, il aura le goût de la bécasse; mettez du musc ou de la vanille dans ses aliments, et ses chairs auront le goût du musc ou de la vanille. Comme ces odeurs ne nous sont point agréables dans les viandes, nous donnons à notre canard des truffes; mais ne vous récriez pas sur cette alimentation, qui pourrait devenir fort coûteuse : elle consiste seulement à faire sa pâtée avec l'eau dont on se sert pour nettoyer les truffes; on y ajoute les débris et celles qu'on ne trouve pas belles; ce qui n'est pas coûteux dans une maison où l'on en mange fréquemment. On met aussi dans sa pâtée les restes de légumes et de sauces qui ont été mis sur la table. La voracité du canard est telle, qu'on pourrait lui faire avaler toutes choses, et il ne faut pas huit jours pour engraisser convenablement un canard et lui communiquer le goût désirable. Le nôtre a le goût de truffes.

Avant de le tuer, on prépare tout ce qui est utile pour le truffer. Dans les truffes, ne mettez jamais d'aulx; au lieu de lard, mettez de la moelle de bœuf. Le tout bien préparé, prenez votre canard, plumez-le avant de le tuer, plumez surtout sur le ventre, videz-le, truffez-le à l'instant, de manière qu'il soit recousu encore chaud; enterrez-le dans le panier à truffes, à une bonne température; laissez-le dans ce panier le plus long-temps possible. Pour le cuire, mettez-le dans une casserole ouverte; mettez dans la casserole les assaisonnements ordinaires; remuez souvent; vous laissez ouverte votre casserole, afin que les chairs soient maintenues fermes, presque comme s'il eût été rôti; vous faites cuire son foie dans de l'eau; ensuite vous l'écrasez et passez au tamis; vous le mettez dans la sauce avec un peu de vin de Madère; vous passez le tout et le versez sur le plat autour du canard. Ainsi arrangé, le mets est très-distingué : les chairs, les os sentent la truffe et sont de beaucoup préférables au fruit. Le peu de personnes qui n'aiment point les truffes, qui ne savent pas les mâcher, sont, nonobstant cela, très-friandes de la viande du canard ainsi accommodé.

La *perche* doit être cuite dans un lit de persil humecté d'un peu de beurre frais et d'eau. Les perches cuites, enlevez les chairs, opération très-facile : une perche ordinaire donne quatre morceaux dans lesquels il ne doit rester aucune arête; vous mettez les morceaux sur des rôties de pain bien grillées et beurrées; vous rangez le tout en rond sur le plat, comme un mets de suprême au blanc de volaille, ou plutôt comme on a l'habitude de ranger les biscuits à la reine, debout et formant une couronne; au milieu, vous mettez champignons, truffes, queues d'écrevisses avec sauce aux jaunes d'œufs; l'absence de toute arête dans le poisson déroute les convives qui ne connaissent point le plat. J'ai vu plusieurs fois demander le nom du poisson, qu'on trouvait bon, léger, admirable. Le difficile de ce plat est le pain, dont l'apprêt n'est pas toujours satisfaisant. On peut faire un plat à peu près semblable avec des truites; mais alors on le sert froid. Les filets de truites sont posés sur du pain imbibé d'huile d'olive, bardés avec des filets d'anchois, et au milieu on met sauce verte avec culs d'artichauts et thon.

Par ces procédés, de petites perches ou de petites truites, qu'on n'oserait présenter dans leur entier, forment de beaux et bons plats très-présentables.

Second service.

Salade sur la console ; sur la table, faisan ou bécasses ; de côté, épinards, choux-fleurs, pain d'écrevisses, crême à l'anglaise.

Le *faisan* nous donne l'occasion d'établir un principe certain : c'est qu'immédiatement après avoir tué un oiseau qui doit orner une table, on doit le plumer : la plume ne meurt pas en même temps que l'animal auquel elle appartient; elle continue à végéter, à grandir aux dépens du corps mort auquel elle est adhérente; or cette continuité d'existence ne se fait qu'au détriment des sucs qui caractérisent ce qu'on appelle le fumet. Mais, quant au faisan, il a une spécialité importante : il faut qu'il ait acquis le goût entre le frais et le trop passé ou la corruption, goût tellement célèbre, qu'on cherche, par l'art du marinage, à le communiquer aux volailles. Un faisan frais ne vaut pas une volaille ordinaire ; un faisan qui passe à la corruption déplaît : il faut savoir trouver le juste-milieu. On est sûr de l'obtenir en ne laissant de plumes au faisan que celles de la queue; on le pend par ces plumes, et lorsqu'elles laissent tomber l'animal, alors il se trouve au point désiré, il a acquis toute la perfection dans son fumet. C'est donc marque d'ignorance lorsqu'on voit servir avec apparat et prétention un faisan rôti avec sa queue, qui vient fort incommodément tacher la table et gêner le service; c'est encore une marque d'ignorance lorsqu'on sert les volailles et les gibiers sans tête, prétendant que le rôti a plus de grâce lorsqu'il est décapité. C'est fort bien lorsqu'on veut faire passer un coq ou une poule pour un chapon, mais, en toute autre circonstance, c'est à la tête qu'on reconnaît la nature de la pièce servie : au surplus, elle contient la cervelle, qui, pour nombre de personnes, est un morceau friand.

Revenons à notre faisan privé de sa queue : on doit le manger le jour même; on prend deux bécasses dont on enlève la chair, on hache cette chair et on en farcit le faisan; les entrailles des bécasses sont étendues sur une rôtie de pain qu'on met dans la lèchefrite, et on sert le faisan sur cette rôtie. Le rôti mangé, on doit offrir la salade sans changer d'assiettes; c'est une faute de servir la salade en même temps que le rôti : la salade absorbe le fumet de la viande et, par conséquent, diminue son mérite; mais, le rôti consommé, ce qu'il a pu laisser sur l'assiette améliore la salade.

Un gastronome qui veut faire manger un faisan à point, ne peut inviter ses convives à jour fixe, puisqu'il ne peut savoir au juste l'instant où il plaira au faisan d'abandonner sa queue; il ne peut donc que les prévenir de se préparer à être disponibles pour le moment opportun, et, ce moment arrivé, le repas ne peut être retardé de vingt-quatre heures, parce que l'animal entre en corruption. Si les circonstances sont tellement impérieuses, qu'il soit impossible de réunir les convives immédiatement, alors il faut mettre l'animal dans le charbon, l'en couvrir entièrement, jusqu'au moment où on le mettra à la broche. Le charbon a non-seulement la propriété d'empêcher la corruption des viandes, mais il a même la vertu de faire passer la corruption existante.

Quant à la *salade*, nous croyons ne devoir rien prescrire pour sa composition, qui offre cependant bien des difficultés.

Brillat-Savarin cite un émigré français qui gagna beaucoup d'argent à Londres en vendant des nécessaires pour faire la salade; moi j'en ai connu un autre qui, en Allemagne, fit fortune en y faisant des omelettes et des quiches; mais les goûts sont si divers pour la salade, et on la fait bonne de tant de manières que nous ne savons quoi prescrire.

Cependant nous avons une fois remarqué un procédé que nous croyons devoir indiquer. Chez le général Pactol, on avait trempé la salade dans du vinaigre, puis on la secouait dans une serviette; on la mettait dans un saladier et on versait dessus une burette d'huile d'olive; on ajoutait sel, poivre, moutarde, et on retournait la salade. Je l'ai trouvée remarquablement bonne.

Ayant observé que ce procédé devait devenir fort coûteux, on me répondit que j'étais complètement dans l'erreur; que le fruit ne se saturait du vinaigre que de ce qui en était absolument nécessaire, puisqu'on le secouait; qu'il n'y avait de perdu que ce qui s'échappait de la serviette, et que, pour conserver toujours propre le surplus du vinaigre dans lequel on avait trempé la salade, on le faisait filtrer; qu'on faisait de même de l'huile qui pouvait rester au saladier. Cette huile ne servait plus pour une nouvelle salade, puisqu'elle contenait sel, poivre et moutarde; mais ce reste, filtré, servait à mariner les bifftecks et les autres viandes. On se sert encore pour salade de vinaigre aromatisé et d'huile d'olive dans laquelle on a fait confire des truffes. D'autres, dont je désapprouve les goûts, y mettent des anchois, de l'ail, etc. En général, nul mets n'est susceptible d'autant de variétés par sa composition en légumes différents ou en assaisonnements, et, par suite, ne mérite plus d'éloges ou de critique.

Quant aux *épinards,* c'est un plat qu'on ne peut avoir en perfection que dans les maisons qui font grande cuisine, ou dans les hôtelleries : il faut plusieurs jours pour le conduire à bien. Faites blanchir vos épinards, égouttez-les ensuite en les serrant dans vos mains en pelotte; le lendemain, prenez vos épinards, faites les cuire, non pas avec de la graisse, mais avec un jus de viande de veau; retirez-les, faites égoutter en serrant en pelotte comme vous avez fait après les avoir blanchis; le jour suivant, faites cuire de nouveau avec jus de cochonade ou de jambon, faites égoutter comme précédemment; les jours suivants, vous procédez avec jus de bœuf, de volaille, de gibier, avec tous les jus de viandes différentes que vous pouvez vous procurer, en prenant autant de jours que vous en avez d'espèces différentes. Les épinards absorberont de vos jus en assez grande quantité. La dernière fois, lorsqu'il sera question de servir, vous y mettez seulement du beurre frais, et, au moment de mettre sur la table, du sel. Ce plat est remarquable; le goût de l'épinard s'est affaibli sans avoir pris celui d'aucun des jus; il faut que le sel se fasse sentir pour seule épice; ce mets est fort nourrissant. Ce procédé a procuré à un de nos ambassadeurs une réputation de gastronome. En général, que vous saturiez vos épinards d'un ou de plusieurs jus de viande, ne mettez le beurre qu'en dernier lieu, et le sel qu'au moment de servir, de manière qu'il ne soit pas fondu.

Le *choux-fleur* est un plat fort ordinaire; je propose de le servir nu : dans un porte-sauce, vous mettez un mélange à la crême et au beurre, dans une soucoupe, du parmesan râpé; les convives, suivant leur goût, prennent votre sauce à la crême, y ajoutent du parmesan si cela leur convient, ou font une sauce à l'huile et au vinaigre.

Pour le *pain d'écrevisses,* prenez un quarteron d'écrevisses, faites-les cuire à l'ordinaire; cuites, détachez les queues, mettez le surplus, écaille et corps, dans un mortier, et pilez, ensuite servez-vous du tout pour faire un beurre d'écrevisses; passez de la mie de pain au tamis, trempez-la dans du lait, jetez une partie de votre beurre d'écrevisses sur votre pain, avec un ou deux jaunes d'œufs, de la jeune crême et vos queues d'écrevisses qui sont entières; vous manipulez le tout, le mettez dans un moule et le faites cuire au bain-marie, comme on le fait pour les nelles. Cette composition prend de la consistance; vous la videz alors sur le plat, et vous mettez ce qui vous reste de beurre d'écrevisses pour sauce. Ce plat est trouvé délicieux par ceux qui aiment les écrevisses.

La *crême à l'anglaise à la vanille* est un mets fort connu, ce qui nous dispense d'en donner la composition.

Dessert.

Fromage sur la console, miel du Mont-Hymette, deux plats de confitures, quatre assiettes de fruits et quatre de pâtisserie de petit four, biscuits, marrons, etc.

Nous conseillons d'offrir du *fromage* de deux espèces : il est rare qu'un fromage soit du goût de tous les convives. Tout apéritifs que soient les fromages, quelques-uns sont échauffants. Le roquefort, le bon gruyères, sont en général ceux qu'on préfère; mais il en est un qu'on rencontre rarement, quoiqu'il ait des propriétés fort énergiques : c'est le schabziger de Glaris, fromage très-dur qu'on confectionne en Suisse avec du lait et des plantes aromatiques, principalement l'impératoire (*imperatoria ostruthium*). Dans la *Phytographie lorraine*, on trouve que cette plante a les propriétés d'être aromatique, sudorifique, incisive, carminative, emménagogue, céphatique, vermifuge, stomachique, apéritive, alexitère, aphrosidiaque. Quelle belle liste d'épithètes ronflantes! quelle panacée! Elle est odoriférante, elle fait suer, elle divise les humeurs, elle enlève les vents, elle est bonne aux purgations des femmes en couche, elle guérit les maux de tête, elle détruit les vers, elle est bonne à l'estomac, elle donne de l'appétit, elle rend amoureux, enfin elle est alexitère, c'est-à-dire bonne contre la morsure des bêtes venimeuses; mais ajoutez à toutes ces vertus qu'un médecin de mes amis m'assure que ce fromage doit être un puissant remède contre l'hydropisie, ce qui n'empêche pas qu'il ne reste inconnu à la plupart des Français. A la vérité, son goût, son odeur sont très-forts, et peuvent déplaire à beaucoup de personnes; aussi le schabziger ne doit pas être mangé pur, il faut le mélanger avec d'autres aliments : râpé, étendu sur une tartine de beurre, il me paraît fort agréable; alors on mange cette tartine avec le bœuf, après le potage.

Malgré toute l'autorité doctorale de M. Brillat-Savarin, nous rejetons ce principe, qu'un dessert sans fromage ressemble à une belle qui n'a qu'un œil. Ce principe est trop absolu. On trouve des personnes qui sont incommodées de l'odeur du fromage, et d'autres personnes qui, en l'aimant, refusent d'en manger après le repas. C'est pourquoi on ne doit pas le mettre sur la table, et, après qu'on en a offert aux convives, on doit le sortir de l'appartement.

Après avoir offert le fromage, on doit offrir les fruits, les confitures et le miel, ensuite les biscuits. Le miel du Mont-Hymette est, selon moi, la chose la plus délicieuse que l'on puisse

donner; on ne m'en a offert que deux fois dans ma vie; ce sont deux jours de bonheur pour moi, dont je ne perdrai jamais la mémoire. Une troisième personne m'a fait cadeau d'un petit pot de ce miel, dont j'ai prolongé l'existence le plus long-temps qu'il m'a été possible, n'ayant jamais pu le remplacer, en ayant en vain demandé aux marchands de comestibles de Paris, même à ceux de Marseille. Cette excellente chose est à peine connue. Ce miel est incomparable à aucun miel de France : il est aromatisé, mais d'un goût bien différent de celui de Narbonne, qui ne plaît point à tout le monde, qui ne m'est point agréable; celui du Mont-Hymette, dont je ne saurais donner l'idée à ceux qui n'en ont point mangé, produit un effet fort remarquable : il exerce une influence directe sur le cerveau, il porte à la gaîté, il semblerait qu'il contribue à rendre les idées plus lucides. N'a-t-il point été chanté par les poètes grecs et latins, par Anacréon et par Virgile dans ses églogues? Il mérite encore tous les éloges que l'antiquité a pu lui donner; il procure une espèce d'ivresse d'une nature différente de celle du vin de Champagne, ivresse qui n'abat, ne dégrade, n'avilit, ni n'incommode celui qui l'éprouve; au contraire, elle l'inspire, elle le grandit, elle le pose dans une sphère de bonheur. Je me croirai heureux si ce que j'en dis peut inspirer aux marchands de comestibles l'idée d'en faire revenir de la Grèce; nos poètes et les gastronomes qui en feront usage ne sauront trop me remercier du service que je leur aurai rendu. Je pense que la gaîté qu'il procurera pourra enfanter des chansons; je n'ai jamais pu croire que nos plus belles chansons de table aient été inspirées par l'ivresse de nos vins, et je suis persuadé que les chefs-d'œuvre de Boufflers, de Béranger, ont été composés à jeun. J'ai entendu faire aussi l'éloge du miel de Portugal, mais je n'en ai jamais goûté.

Les confitures s'offrent en même temps que le miel. Tout le monde sait faire plus ou moins bien les confitures; nous croyons donc inutile d'indiquer ici la manière de les préparer; mais, lorsqu'on a beaucoup mangé et bu en proportion, qu'on veut manger des confitures, il faut préférer la gelée de pommes ou celle de pruneaux, parce qu'elles sont légèrement diurétiques. C'est pour détruire cette propriété, qui pour beaucoup est une vertu, que les confiseurs mettent dans leurs confitures des clous de girofle pulvérisés. Mise en petite quantité, cette épice donne un goût agréable aux confitures; mais je préfère qu'on ne s'en serve point : si la confiture en est un peu moins bonne, si elle se conserve moins long-temps, en revanche, elle est plus salutaire.

DES VINS.

Rien ne fait plus d'honneur que le bon choix des vins, et rien, à mon sens, n'est d'un plus mauvais goût, ne dénote mieux le défaut de bon usage, que l'offre d'une multitude de vins, qui, lors même qu'ils seraient d'une excellente qualité et purs de tout mélange (ce qui ne se trouve que très-rarement chez ces nouveaux *Nasidiénus*), finissent toujours par indisposer les convives, les différentes propriétés de chacun de ces vins ne convenant pas également à tous.

Sous Louis XIII et la régence, qui suivit, il n'était pas d'un mauvais genre de se griser; les gens de la cour comme ceux du palais allaient au cabaret, et c'était un grand mérite de savoir beaucoup boire. A la vérité, en ces temps, l'art de frelater les vins n'était pas arrivé au degré de perfection auquel on l'a fait atteindre de nos jours, et on ne rapprochait pas, étonnés de se trouver réunis, des vins de divers climats; on s'y grisait donc avec une seule espèce de vin, ou au moins avec des vins homogènes, ce qui est moins nuisible à la santé.

De nos jours encore, chez les Anglais et chez les Allemands, on regarde comme un talent fort distingué de savoir engloutir une grande quantité de vin; mais ces peuples ont des habitudes particulières qui ne sont point à l'usage des Français : ils savent satisfaire leur faim et leur soif séparément, et lorsqu'ils se mettent à boire, ils ont en quelque sorte fini de manger. Cet important sujet de savoir boire a été traité *ex professo* par de grands docteurs en médecine, et nous citerons : *Discours de l'ivresse et de l'ivrognerie, dans lequel les causes, nature et effet de l'ivresse sont complètement déduits, avec la guérison et préservation d'icelle, ensemble la manière de carrousser et les combats bachiques des anciens ivrognes; le tout pour le contentement des curieux*, par J. Mouzin, conseiller et médecin ordinaire de Son Altesse. Toul, 1612, volume in-12.

L'importance de ces ouvrages parut telle que les poètes du temps s'empressèrent de louer l'auteur par des sonnets qui furent composés en diverses langues et qui servent de préface à l'ouvrage. On crut rendre un grand service au monde savant en traduisant ce livre en latin, et le docteur Cachet publia : *Pandora bacchica furens medicis armis oppugna, hic temulentiæ ortus et progressus ex antiquorum monumentisinuestigatur, Bacchi vis effrenis Æsculapij clava retunditur atque compescitur, opus varietate curiosum, doctrina salutare à D. Musino suæ celsit à Lotharingiâ, etc., etc. Opera Christophori Cacheti ejusdem. J. C. Ser. Prin. Vaudemontani, cons. medici ordinarii.* Toul, 1614, 1 volume in-12. Fort de l'avis de ces savants docteurs, de notre expérience personnelle et de nos observations, nous posons en principe qu'on ne doit rien boire de spiritueux lorsque l'estomac est vide. Ainsi, nous protestons contre l'usage d'offrir de l'eau verte ou anisette avant de se mettre à table, du vin de Madère après le potage : ces pratiques irritent les voies digestives, donnent une faim factice, et, en réalité, on mange moins et on boit moins que si on se fût abstenu de prendre ces liquides. Il convient donc, avant de boire du vin, d'avoir satisfait aux premiers besoins de l'appétit.

Tout en blâmant l'offre d'une grande variété de vins, nous admettons cependant l'usage de trois dans un repas, en commançant par le moins spiritueux et en finissant par celui qui l'est le plus. Mais avant d'indiquer les vins, nous devons faire une remarque générale. On doit s'abstenir de l'usage de tout vin frelaté. Dans les vins factices, il entre souvent des objets très-nuisibles à la santé. Quelquefois deux bons vins pris séparément forment, mêlés ensemble, un breuvage indigeste. Ainsi, on coupe les vins faibles de Lorraine avec *des vins de Saint-Georges encore jeunes;* mais tous ces vins du midi, Saint-Georges, Avignon, Lunel, Collioure ne sont réellement potables que lorsqu'ils sont entièrement dépouillés de leurs lies, et que de noirs qu'ils sont étant jeunes, ils deviennent couleur pelure d'oïgnon, qualité qu'ils n'acquièrent qu'au bout d'un grand nombre d'années. Peut-être que les habitants de leur sol peuvent les boire sans grand danger avant qu'ils n'aient reçu l'épuration que je désire; mais dans les pays du nord et du nord-est de la France, ces vins jeunes du midi, mêlés avec les vins du sol, sont fort malsains. Ce mélange provoque promptement l'ivresse, et cette ivresse est envenimée par la lie, qui donne des indigestions souvent fort dangereuses.

Dans le midi, principalement à Lunel, il s'est établi des fabriques de vins; on y compose des vins d'Espagne de toutes les qualités, du vin de Madère, même des vins de l'Archipel. Il y a peu de gourmets assez connaisseurs pour distinguer au goût ces compositions, qui toutes ne sont point au même degré malfaisantes. J'ai bu des produits de ces fabriques, sous le nom de vin d'Alicante, dont j'ai été assez content; mais, excepté ce dernier vin, je crois que la composition des autres est malfaisante. Il est donc utile de donner un procédé pour distinguer les vins naturels de ceux composés. Le meilleur, je crois, consiste à mettre le vin qu'on veut essayer dans une petite fiole; puis, tenant cette fiole fermée avec le pouce, on la renverse dans un vase rempli d'eau, et on tient le cul de la fiole au-dessus de l'eau; on ouvre la bouteille en écartant le pouce. Si le vin est pur, il restera dans la fiole sans mélange d'eau; s'il est mêlé, le vin se décomposera; le miel qui entre ordinairement dans ce mélange se précipitera au fond de l'eau, ainsi que toutes les choses hétérogènes ajoutées au vin. On finira par avoir dans la fiole, sur la partie supérieure, la portion de vin pur qui a servi à faire ce mélange, et, au fond du vase, les matières ajoutées.

Quant au vin de Champagne, qui est fort en vogue maintenant, son usage est très-bénin, même agréable pour les personnes qui, avant de le boire, n'ont point bu ou au moins très-peu d'autres vins; c'est pourquoi autrefois il était spécialement destiné aux dames, qui se trouvent ordinairement dans la spécialité indiquée. Anciennement, les vins mousseux étaient peu connus; on buvait le Champagne confectionné comme les autres vins. Il paraît que c'est le célèbre Colbert qui, possédant des vignobles dans les environs de Reims, eut la gloire de mettre le premier en vogue les vins de Champagne mousseux; et, de nos jours, c'est le savant médecin Broussais, qui, mettant tous ses malades à l'eau, permettait de nombreuses exceptions en faveur du Champagne, ce qui en augmenta prodigieusement la consommation, au détriment des autres vins cuvés. Hors de ces circonstances, nous soutenons que son emploi est funeste. Nous protestons donc contre l'usage généralement répandu actuellement de finir les repas avec les vins de Champagne mousseux. Ce vin, comme le tabac, est un narcotique, car, après avoir excité les voies digestives, urinaires et le cerveau, il finit par provoquer l'assoupissement. Ses effets sont plus sensibles lorsqu'il agit en concours avec les autres vins : il forme alors une nouvelle fermentation dans l'estomac, fermentation qu'on ne combat pas toujours efficacement par le café, qui doit produire des effets contraires. On remarque qu'il provoque les urines, rétrécit les canaux urinaires, impressionne le cerveau sans provoquer la gaîté. Deux heures après l'avoir bu, une réaction a lieu; on éprouve un assoupissement, on a sommeil. Nous estimons donc que ce vin peut occasionner des rétentions d'urine et des attaques d'apoplexie. Qu'on ne s'y trompe pas, le Champagne, comme les asperges, a un effet direct immédiat sur la vessie : après avoir fait agir cet organe, il contribue ensuite à le paralyser. Enfin, on le boit dans l'espoir de répandre la gaîté parmi les convives, et cependant, depuis qu'on en fait une si prodigieuse consommation, rien n'est plus rare que les repas qu'on appelait autrefois faire chère-lie, où la chansonnette et les bonnes plaisanteries prolongeaient le dessert et faisaient passer à nos aïeux des nuits à table.

Le vin de Champagne a été le sujet d'une spirituelle controverse entre le recteur Coffin et le professeur Grenan. Celui-ci, Bourguignon, a fait un sonnet latin sur la supériorité du vin de Bourgogne sur le vin de Champagne. Il dit :

Nam suum Rhemi licet usque Bacchum
Jactitent; œstu petulans jocoso
Hic quidem fervet cyathis, et aurâ
Limpidus acri,
Vellicat nares avidas; venenum
At latet : multos facies fefellit;
Hic tamen mensam modico secundam
Munere spargat.

Coffin, bon Champenois, répondit par un sonnet latin qui passe pour un chef-d'œuvre de cette controverse, et, des commentaires qui se trouvent joints à la troisième satire de Boileau, édition d'Amsterdam, 1733, on préjuge qu'à cette époque on servait déjà du vin de Champagne mousseux. Au surplus, voici le sonnet de Coffin :

Men' gratus error ludit, an intimis,
Gliscens medullis insinuat calor?
Venisque conceptus sonantes
Se liquor in numeros resolvit?
. . . .
Cernis micanti concolor ut vitro,
Latex in auras, gemmeus aspici,
Scintillet exultim, utque dulces
Naribus illecebras propinet
Succi latentis proditor halitus;
Ut spuma motu lactea turbido
Cristallinum blando repente,
Cum fremitu reparet nitorem.

Cependant, je ne crois pas qu'alors on travaillait le vin pour le rendre mousseux, comme on le fait maintenant. Cet art, si c'en est un, s'est tellement perfectionné, qu'on fait mousser les vins de Bourgogne et même les vins des crûs les plus médiocres. Sans doute qu'autrefois on laissait ce vin venir naturellement mousseux sans aider la nature, et alors il devait être moins nuisible que maintenant.

Ainsi, chez moi, on ne commence pas par le vin de Madère, et on ne finit pas par le vin de Champagne. Au premier service, j'offre du vin léger, peu capiteux, bien en boite, comme peuvent le devenir ceux des crûs de Bar ou même de Nancy, mais de la Côte-des-Chanoines surtout. Ceux de Bayon, de Pagny conviennent aussi, mais sont plus capiteux que les deux premiers. Au second service, du vin de Bordeaux. Quant à ce dernier, il est bon qu'on lui fasse sa toilette. On sait de quelle réputation jouissait autrefois le vin de Bordeaux, qu'on faisait venir en passant par l'île Saint-Dominique. On assurait qu'on n'avait jamais bu de meilleur vin de Bordeaux qu'à Saint-Dominique, et cependant la plupart de ces vins qu'on expédiait pour cette île étaient de la dernière qualité; les armateurs n'en prenaient souvent à Bordeaux que pour servir de lest à leurs vaisseaux. Mais, à l'île, on lui faisait, avant de le boire, une toilette qui l'améliorait beaucoup. Elle consistait à pendre les bouteilles à une latte exposée en plein soleil, et un nègre était chargé d'arroser continuellement ces bouteilles avec de l'eau froide, de manière que le vin passait successivement d'une température basse à une température élevée; puis, avant de servir, on trempait la bouteille dans de l'eau glacée. Un vin ainsi traité ne se reconnaît pas. Le procédé fait ressortir son bouquet et l'améliore à un point très-remarquable. Dans notre pays, où ce vin est généralement mal logé, dans des caves froides et bien fermées, il acquiert peu.

En conséquence, je conseille de faire sortir le vin du caveau plusieurs jours à l'avance, de le poser dans un lieu chaud, et, chaque jour, de le tremper momentanément et plusieurs fois dans l'eau froide, et enfin de le servir sortant de cette eau. C'est par ce moyen que j'ai fait passer pour vin de Bordeaux supérieur du vin fort ordinaire. Pour le dessert, on doit offrir des vins liquoreux; je donne la préférence au Madère ou au Xérès, l'un ou l'autre, mais pas les deux; il ne conviennent pas à côté l'un de l'autre; il y a une certaine similitude qui doit nuire à l'un d'eux. A ces trois espèces de vin, si le repas se prolonge, et qu'on veuille faire l'extraordinaire, on ajoute un autre vin de liqueur, comme le Frontignan ou le vin de l'Archipel, le Chypre, le Paxaret et le Constance, mais un seul de ces vins. Le Frontignan a un bouquet fort distinct; le fumet des trois autres est difficile à distinguer, et il n'appartient qu'aux gourmets très-savants de bien distinguer le vin de Chypre de celui de Constance. On fera beaucoup mieux en remplaçant tous ces vins par celui du Rhin. Mais le bon est tellement rare et cher qu'on ne saurait le proposer en principe. Pour moi, c'est le meilleur; mais je reconnais que beaucoup de personnes ne partagent pas mon avis. C'est qu'aussi peu de personnes ont bu de ces vins, qui semblent ne prendre chaleur et goût qu'au fur et à mesure qu'ils descendent. Il semblerait, en le buvant, que l'organe du goût se déplace pour suivre la liqueur jusque dans l'estomac.

DES HONNEURS DE LA TABLE.

C'est à la dame qu'il appartient de faire les honneurs, et à son défaut au mari. On doit connaître les morceaux les plus distingués, afin de les offrir aux personnes les plus respectables. Ces morceaux sont, pour le filet, les tranches du milieu; pour le brochet, le côté du ventre, près de la queue, parce qu'il ne contient point d'arêtes; pour le canard, c'est le croupion, ensuite les cuisses. Les autres plats du premier service n'ont point de parties distinguées. Pour le second service, si le faisan a été préparé ainsi que nous l'avons indiqué, ce sont les blancs qui sont préférables : ils sont suffisamment parfumés; le croupion, qui doit l'être beaucoup plus, ne convient qu'à ceux qui aiment les hauts goûts. Aux blancs, on joint un peu de la farce de bécasse et de la rôtie de pain.

Savoir avec convenance faire les honneurs d'un repas est un mérite rare et fort distingué pour une femme. Dieu vous garde d'aller chez un amphitryon qui croit ne vous avoir convenablement donné à dîner que lorsqu'il vous a procuré une indigestion et mis dans l'ivresse; vous reproche de ne point manger, de ne point trouver bon ses mets; ne laisse jamais votre gobelet vide, vous incommode continuellement par ses instances. C'est le ridicule le plus caractéristique des gens qui n'ont point l'usage du monde; il semblerait que ces gens-là font l'injure à leurs convives de les croire des meurt-de-faim ou des ogres.

Quand vous acceptez d'un plat, recevez ce qu'on vous envoie; ne le passez pas au voisin. Les cérémonies sont déplacées, inconvenantes. Si l'on vous donne trop, laissez l'excédant sur votre assiette et ne vous avisez pas d'offrir le partage à votre voisin : ces offres peuvent être disgracieuses au voisin même, et ce n'est point le convive qui est chargé de faire les honneurs de la table.

OBSERVATIONS.

Nous aurions pu augmenter le nombre des plats de service; mais nous mettons en principe que le nombre des plats doit être proportionné au nombre des convives, car rien n'est d'un plus mauvais goût, rien n'est plus ridicule, ne sent mieux le parvenu qui veut singer le grand monde, que d'offrir une multitude de plats peu en rapport avec le nombre des convives. Autrement nous aurions pu indiquer d'autres procédés culinaires peu connus. Les curieux pourront consulter une note, page 226, du tome 2e, nº 5 des *Mémoires pour servir à l'histoire de Lorraine;* ils y trouveront quelques-uns de ces procédés; nous y ajouterons quelques observations sur les pâtés et les galantines.

Les pâtés de foies d'oies de Strasbourg, ceux de canards d'Amiens, de jambons de Lesage, etc., ont une réputation bien établie. En ce qui regarde ceux de foies d'oies de Strasbourg, nous ferons remarquer que pour obtenir des foies très-volumineux, on fait contracter à l'animal une maladie; on lui fait naître des obstructions en mettant dans ses aliments du sable ou de petites pierres : plus l'animal devient étique, plus son foie prend de volume, et on ne le tue que pour l'empêcher de mourir deux ou trois jours plus tard. Ainsi, ce produit peut très-bien n'être pas toujours sain; aussi existe-t-il une bien grande différence d'un pâté à un autre. Les meilleurs sont ceux faits avec des foies provenant des mâles : les foies des femelles sont toujours amers, d'une qualité inférieure à ceux des mâles. Il faut donc avoir un pâté de foies de mâles qui soient fermes, ce qui indique que la maladie de l'animal n'a pas été poussée jusqu'à l'extrême; mais ces pâtés, tout bons qu'ils peuvent être dans la condition ci-dessus indiquée, sont fort inférieurs, selon nous, aux terrines de foies de canards, de Toulouse, comme celles-ci nous paraissent inférieures à des foies de pigeons. Nous ne concevons pas comment les gastronomes, nos prédécesseurs, n'ont point signalé à l'admiration de leurs contemporains les foies de pigeons. Cependant, on peut se les procurer à peu de frais : au marché, on vous livrera trente ou quarante foies à dix centimes pièce. Les marchands de comestibles, les traiteurs enlèvent volontiers les foies aux pigeons qu'ils destinent à la consommation. Les consommateurs, pour la plupart, ne s'aperçoivent pas de la soustraction qui leur est faite. Avec trente foies, vous pouvez remplir une terrine suffisante pour plus de dix personnes. Il faut traiter ces foies comme on traite ceux de canards à Toulouse. Nous établissons cette comparaison : les pâtés de foies d'oies sont aux terrines de Toulouse, ce que celles-ci sont aux terrines de foies de pigeons.

Quant aux galantines, nous devons conseiller, pour former la gelée qui doit les entourer, comme pour toutes les gelées possibles, de se servir de préférence de la râpure de cornes de cerf à la colle de poisson ou au nerf de veau, qui donnent quelquefois un mauvais goût au produit, et le rendent moins digestif. Le mérite des galantines consiste dans l'art de bien désosser une volaille; mais au lieu de la farcir de jambon, cochonade, lard ou veau, nous avons souvent substitué avec un grand avantage de bons foies d'oies. Avant que la volaille ne soit parfaitement cuite, on verse dessus du vin blanc, et on obtient un plat fort distingué, que je n'ai jamais rencontré autre part que sur ma table. C'est un procédé que je lègue aux gastronomes, mes successeurs, pour établir mes titres à leurs bons souvenirs.

FIN DE TABLE.

Il me paraît d'une inconvenance extrême de se curer les dents à table. Il est des personnes qui croient sans doute faire preuve de bon ton en maintenant à côté de leur couvert un cure-dents, dont ils croient se servir avec élégance, en le prenant à deux doigts et levant le petit. Nous les prévenons que pour tout le monde, eux exceptés, ces exercices sont dégoûtants, indiquent un défaut d'usage et de déférence; mais nous ne trouvons pas moins déplacée l'habitude d'offrir, avant de sortir de table, des vases-gobelets en verre de couleur, avec eau tiède à la lavande ou à l'eau de Cologne, cure-dents, brosse pour les ongles, afin que chacun puisse faire une espèce de toilette, se laver la bouche, se curer les dents, se nettoyer les mains et se faire les ongles. L'aspect de la table est alors épouvantable; il y a de quoi dessiller les yeux des personnes les plus prévenues; c'est supposer que les convives ont procédé d'une manière malpropre, ont mis les doigts dans la sauce, pris les viandes à la main! Sans doute, il peut arriver à celui qui mange le plus proprement de se salir; mais pour remédier à cet accident, on tenait autrefois dans les salles à manger une fontaine dans laquelle, au moment de sortir de table, on mettait de l'eau tiède, et à la levée, ceux qui en sentaient le besoin, s'approchaient de la fontaine avec leur serviette, se lavaient les mains, la bouche et ce qu'ils croyaient avoir sali; on sortait même du salon pour procéder à cette espèce de toilette. Nous n'avons admis à notre table aucun de ces usages, et si quelques convives éprouvent le besoin de se laver, la table levée, ils pourront le faire à la fontaine, chacun séparément.

DU CAFÉ SERVI AU SALON.

C'est une chose fort importante que le café; il est devenu le complément indispensable de tout dîner. Avant d'y procéder, il doit y avoir un temps d'arrêt, comme pour laisser reposer les estomacs; c'est une suspension momentanée, c'est un entr'acte pendant lequel on fait plus ample connaissance avec les convives.

On a beaucoup discuté sur l'art de faire du bon café et sur son choix. Aux divers procédés qui ont été indiqués, je crois pouvoir ajouter le mien. J'ai connu un courtaud d'épicier qui, dans les balles des différents cafés, choisissait les petits grains verts qui pouvaient s'y rencontrer. De ce choix, il formait une nouvelle balle à laquelle il donnait le nom pompeux de café Moka, et il se récompensait de ses peines par un surcroît sur le prix de la vente du café ordinaire. Bien évidemment, le choix formait un café supérieur, que je trouvai préférable même à celui que j'avais reçu en cosses, qui, cependant, avait été mis à l'abri de toute humidité. Voici comme on doit le préparer. Faites griller dans un cylindre jusqu'au point où il aura changé de couleur, et qu'on estime qu'il pourra se moudre; se bien garder de griller jusqu'au noir foncé, qui fait du café un charbon. Il faut que le café grillé soit d'un vert foncé approchant du noir; lorsqu'il est arrivé à ce point, on le tire du cylindre, on l'étend sur un marbre froid et on le couvre, en cherchant à le refroidir promptement, afin que l'arôme ne s'exhale que le moins possible. On moud le café dans un moulin à dents larges, de manière à obtenir de gros grains, et non pas de la poussière. Ceci est important : les objets n'ont de goût que par la forme des cristaux qui les composent; il résulte de cette observation qu'un objet mis en poussière impalpable perd une grande partie de ses propriétés. On a observé que le sucre pilé a moins de vertus sucrantes que le sucre fondu par morceaux. Pour faire le café, nous nous servons de vases en porcelaine, parce que ceux en métaux, même en argent, dégagent, dans certaines circonstances, de l'oxide; on met le café dans le vase sans le serrer d'abord; on l'humecte d'eau tiède, de manière qu'il soit imbibé, et, peu après, on le serre et on jette de l'eau aussi chaude que possible, sans cependant qu'elle soit allée jusqu'au bouillon. Par ces procédés, on obtient un résultat admirable, et lorsqu'on sert le café, on embaume l'appartement. Remarquez que je vous ai fait prendre des fruits petits, verts, bien secs; mais avec du gros café Bourbon ou Saint-Domingue, il faudrait griller davantage et mettre de l'eau bouillante. Dans le café commun, on voit ordinairement surnager une certaine huile qui est désagréable au palais; le grillage, tout en carbonisant le café, fait perdre ou évaporer une partie de cette huile, qui lui donne un goût fort amer. M. Brillat-Savarin dit avoir fait des expériences pour savoir s'il convenait mieux de piler que de moudre le café, et que ses expériences n'ont rien produit de concluant.

Par les procédés que nous avons indiqués pour donner une certaine force au café, il faut peut-être un peu plus de graines; il faut que la portion en soit un peu plus forte. Mais on doit se souvenir que les préceptes de la gastronomie ne sont point des préceptes d'économie : la gastronomie ne présente l'économie que par exception et pour complaire au vulgaire.

Au café, on doit joindre de l'eau-de-vie et des liqueurs. Beaucoup de personnes mêlent de l'eau-de-vie au café et nomment ce mélange *Gloria*. Avant nos révolutions, ce mélange n'était point en usage, et je crois connaître la personne qui, la première, dans une exaltation de satisfaction, baptisa ainsi du nom pompeux de *Gloria* l'eau-de-vie jointe au café. Certes, ce personnage était loin d'être un gastronome, ni un gourmet sachant analyser et se rendre compte des nuances dans les sensations du goût. Ce baptême eut lieu un jour de grande solennité (fête de paroisse), qui avait été célébrée par une messe en musique et par un dîner. Au café, un musicien exaltait l'exécution du *Gloria*. L'amphitryon lui dit : Tais-toi ; voici du véritable *Gloria*, et il lui verse de l'eau-de-vie dans son café. Eh bien! cela vaut-il ton *Gloria?* Cette question et cette comparaison occupèrent vivement la gent joyeuse, et le nom de *Gloria* est resté au mélange. (Ce parrain, M. J..., était un riche amateur de jardins.) Les chanoines adoptèrent ce baptême, qui fut reçu par tout le monde.

L'eau-de-vie est une chose trop importante pour ne point y arrêter notre attention. Rien de plus commun que l'eau-de-vie; mais, hors du Languedoc, l'eau-de-vie pure et à bon point est encore plus rare que les vins non frelatés ou non mélangés. Par économie, le commerce ne fait plus venir d'eau-de-vie; il achète des esprits, qui, étant d'un volume moins considérable, coûtent beaucoup moins de port, et avec un baril d'esprit et de la teinture, il fait des tonnes d'eau-de-vie qu'il fournit à tel degré qu'on le désire. Il y a, dit-on, un instrument avec lequel on découvre l'existence de ce mélange et qui sert à distinguer ce qu'on appelle le 3/6. Je doute fort du mérite de cette découverte : mon gosier et surtout mon organisation nerveuse m'ont souvent appris qu'il ne fallait pas s'en rapporter à cet instrument. Bien que l'esprit et l'eau s'incorporent parfaitement, cette incorporation n'est jamais tellement intime que le gourmet délicat ne puisse s'en apercevoir. Jamais ce mélange n'acquerrera le velouté qui distingue l'excellente eau-de-vie. Je compare l'esprit à des aiguilles, dont le mélange avec l'eau n'émousse pas tellement les pointes qu'on ne les sente encore, moins vivement à la vérité, mais assez pour que les personnes qui n'ont point le gosier abîmé par l'usage des liqueurs fortes et celles qui ont le système nerveux irritable ne reconnaissent très-bien leur présence et n'en soient souvent incommodées : ce mélange, d'ailleurs, baissé à 19 degrés, est plus offensif que l'eau-de-vie pure à 22 degrés. Il importe donc de se procurer de bonne eau-de-vie. Pour cela, je n'ai pas d'autre moyen à indiquer que celui de faire venir soi-même d'Andaye, ou d'une ville de Languedoc, d'un fabricant qui vous inspire de la confiance, deux petits barils, d'un hectolitre chacun, d'eau-de-vie distillée à 22 degrés, envoyée pure et blanche. Mettez vos barils, non pas au soleil, mais dans un lieu sec, aéré, recevant toutes les impressions froides ou chaudes de l'atmosphère. On maintient l'un d'eux toujours plein, ce qui ne peut se faire qu'au détriment de l'autre. C'est dans ce dernier qu'on puisera pour faire les liqueurs et les fruits à l'eau-de-vie. Lorsque par ces emplois on a consommé une bonne partie du baril, on met le reste en bouteilles. Celle-ci sert à maintenir l'autre baril plein. Après trois ou quatre ans d'attente au plus, votre eau-de-vie se colore, se jaunit; elle baisse en degrés d'une manière sensible. Enfin, lorsqu'elle a perdu quatre ou cinq degrés, qu'elle est arrivée au point où vous désirez l'avoir, vous la mettez en bouteilles et la placez au caveau. L'eau-de-vie mise en bouteilles et placée dans un lieu frais ne vieillit pas, n'éprouve aucun changement notable, même après un grand nombre d'années. J'ai bu de l'eau-de-vie en bouteilles depuis soixante-quinze ans, depuis cinquante ans, depuis trois ou quatre ans, sans trouver de notables différences. L'eau-de-vie ne s'améliore qu'en cercles, sous l'influence des variations atmosphériques, et jamais en caveau. En suivant le procédé indiqué, vous aurez de la bonne eau-de-vie veloutée et dont l'usage sera le moins malfaisant possible. Elle vous coûtera meilleur marché que celle qu'on rencontre dans le commerce et lui sera bien préférable. Gardez-vous de mettre dans vos barils devenus vides le vin pour votre consommation, ce serait frelater votre vin; un gourmet s'en apercevrait très-bien; il faut y mettre de nouvelle eau-de-vie, que vous pourrez recevoir pour remplacer celle mise en bouteilles, ce qui sera plus convenable qu'un baril neuf, ou bien vous y mettrez le vin destiné à la cuisson du poisson ou aux journaliers, qui, n'ayant point un palais délicat, trouveront fort bon que leur vin soit rehaussé d'un goût d'eau-de-vie.

Après le café et le gloria consommés, on offre les liqueurs et spiritueux. En fait de spiritueux, je préfère au rhum et au kirsch l'eau-de-vie de Dantzig; et comme liqueur, celle domestique, l'eau de genièvre ou de prunelles; mais il faut reconnaître qu'il existe des liqueurs délicieuses, comme celles venant de Turin, le Rosolio de Trieste, celle de Saint-Pierre-la-Martinique, à laquelle on a donné le célèbre nom de Mme Amphoux, qui, bien qu'enterrée depuis cinquante ans, a encore le privilége de répandre ses liqueurs dans le monde. Mais abstenez-vous des liqueurs au parfum, comme rose, vanille, jacinthe : elles portent souvent le trouble dans les estomacs, qui, sans elles, eussent paisiblement terminé leurs fonctions.

Nous n'offrirons pas à fumer, habitude que nos anciens guerriers ont prise à l'étranger, et que les jeunes gens d'aujourd'hui ont malheureusement adoptée, comme, sous l'épithète de jeunes Frances, ou catholiques modernes, réunissant les lumières à la foi, ils portent la barbe à la François Ier ou à la Henry IV. Fumer est pour nous une habitude désagréable; l'odeur de la pipe nous est insupportable; et s'il est vrai qu'en Espagne, au dessert, on met un plat chargé de cigarres arrangés dans des fétus de paille, et que les dames se font un plaisir d'en brûler, cela ne prouve pas l'excellence de l'habitude, mais seulement que les Espagnoles ont des goûts différents de ceux des Françaises. Dans les lieux où il n'y a ni humidité, ni brouillard, l'hygiène ne saurait approuver une semblable pratique. Fumer est l'art de préoccuper la fainéantise en s'abîmant les dents, en se desséchant les poumons, en irritant les glandes de la gorge, et en répandant une odeur incommode à beaucoup de personnes; mais si fumer, avoir la barbe grande, doivent communiquer à nos jeunes gens la vaillance de nos guerriers qui ont parcouru le monde en vainqueurs, la franchise chevaleresque de François Ier et la tolérance religieuse d'Henry IV, j'applaudis à ces nouvelles modes. Cependant, jusqu'à ce que ces mérites soient bien établis et reconnus, nous nous abstiendrons d'offrir à fumer et on voudra bien trouver bon que nous fuyions les fumeurs. Ainsi, quoique nous n'ayons point offert de cigarres, nous croyons avoir fait passer des moments agréables à nos convives et leur avoir procuré une suite de sensations variées.

SUITE DU REPAS OU APRÈS-DINER.

Il n'est pas du bon ton que les convives se retirent après le repas fini; on cause, et si tous les convives ont assez d'esprit pour converser de choses agréables, autres que politique et religion, sujets irritants et sur lesquels on n'a jamais rencontré vingt personnes du même avis; si la littérature, les sciences, les anecdotes du jour, les modes, les spectacles, la musique, les caricatures ou les ouvrages illustrés qu'on pose maintenant sur les tables des salons, comme pour venir en aide à l'esprit, peuvent intéresser vos convives et faire naître entre eux une conversation piquante, animée, spirituelle, vous avez obtenu le *nec plus ultrà* de la satisfaction que les hommes puissent éprouver dans leur réunion. Mais, il faut bien le reconnaître, ces sortes de conversations aimables et intéressantes sont le partage d'un trop petit nombre de personnes. Dieu vous garde de la société des femmes savamment dévotes, qui, avec orgueil, médisent charitablement de tout le monde, se posent comme modèles de perfection, ont la prétention de vous faire passer agréablement la soirée en vous faisant bâiller aux mouches, c'est-à-dire en écoutant les sottises et niaiseries qu'elles débitent. Ce n'est donc qu'exceptionnellement que l'après-dîner passe en conversations. Ordinairement on offre à jouer. Le choix du jeu dépend du maître de la maison. Sans doute, le jeu qui convient le mieux après le dîner, c'est le billard : il procure un exercice modéré. Mais peu de personnes ont des billards chez elles, et il est rare que tous les convives sachent y jouer. Il faut donc avoir recours à d'autres ressources. N'offrez pas l'écarté ni la bouillote : ces jeux ne conviennent que dans de grandes réunions et n'ont d'intérêt que par l'argent qu'on y expose, et il ne faut pas que vos convives puissent vous reprocher de leur avoir fait payer d'une manière ruineuse leur dîner. Les échecs ne conviennent pas non plus : ils lassent trop l'attention, exigent le silence ; il en est à peu près de même des dames. Le tric-trac, par son bruit, incommode ceux qui ne jouent pas. Offrez donc le boston ou le wisk, le reversis, mais beaucoup mieux le piquet. Je donne à ce dernier la préférence. Au surplus, il est le premier de ceux où on emploie les cartes. Au piquet à quatre, les joueurs se succédant alternativement, peuvent, pendant les intervalles, se mêler à la conversation du salon, et ne sont point fatigués par une trop grande continuité d'attention.

Le piquet se joue dans toutes les parties du monde, d'où vient peut-être qu'en divers lieux les règles ne sont pas les mêmes. On trouve des règles imprimées qui sont évidemment fautives. Quelques-unes d'elles semblent n'être inspirées que par caprice; cependant, ce jeu n'est beau que parce que tout peut y être motivé et raisonné.

Ainsi, nous rejetons comme fausse toute règle qui n'est fondée que sur un caprice. Comme nous croyons être non moins bon législateur en piquet qu'en cuisine, nous allons vous faire part de nos règles et de nos observations : nous établirons des principes et nous donnerons des conseils ; nous tâcherons qu'on ne puisse pas confondre une règle ou un principe avec ce qui n'est qu'un conseil. Nous supposons que le lecteur est au courant des premières notions du piquet.

RÈGLES DU JEU DE PIQUET.

On doit mêler les cartes avant de les offrir à couper; si l'adversaire trouve qu'elles ne le sont pas suffisamment, il peut les mêler lui-même; on mêle de nouveau après lui et l'on fait couper. On donne ordinairement par deux cartes à la fois; si l'on veut donner par trois, on peut le faire après avoir prévenu son adversaire.

On doit compter le talon avant de le poser, afin de s'assurer qu'on n'a pas maldonné; si le talon n'est pas au complet, ou s'il se trouve des cartes de trop, on ne le pose pas et on doit recommencer à donner. Cette disposition n'est pas généralement reçue; mais elle est importante, et il faut chercher à la faire prévaloir. Là où elle n'est pas adoptée, il faut, tout en se conformant aux usages du lieu, qui font loi, comme autrefois les coutumes commandaient à tout ceux qui demeuraient sous leur ressort, protester pour faire réformer ces usages et admettre la règle que je propose. Pour la rejeter, on objecte qu'en comptant le talon, celui qui donne pourrait reconnaître les cartes qui s'y trouvent; mais il ne peut faire cette découverte qu'autant que le jeu est taroté ou pipé, et, dans ce cas, il en apprend bien davantage en donnant; il peut, pour se conserver une bonne carte, s'en donner trois au lieu de deux, puis une. On ne doit jamais motiver une règle sur la supposition que les armes dont on se sert ne sont point égales, et, dès l'instant qu'un joueur s'aperçoit que les cartes sont marquées, il a le droit de faire changer les jeux. La règle indiquée doit encore prévaloir pour une autre raison : supposons que celui qui doit aller au talon le premier ne lève que la portion qui lui est attribuée, le second, y allant à son tour, ne trouvant plus que deux cartes, peut accuser le premier d'une faute que lui-même a commise en lui donnant treize cartes, ou, si c'est lui qui en a treize, il peut profiter de son mal donné et laisser ignorer à son adversaire qu'il avait le droit de faire recommencer la donne, ce qui aurait pu avoir lieu, car il est possible que les cartes que la fortune avait destinées à l'un aient été furtivement enlevées par celui qui les distribue. Ces coups donnent souvent lieu à des explications désagréables, et les personnes qui ont de l'expérience dans ce jeu conviendront que la règle proposée est convenable.

Il ne faut pas permettre qu'on donne en prenant quatre cartes dont on se jette les deux dernières avant de jeter les deux premières à son adversaire. Cette manière de donner est irrégulière et facilite les substitutions de cartes : les fripons y trouvent de grandes facilités pour l'exécution de leurs coups.

Ne relevez vos cartes que lorsque la donnée est faite en totalité, et ayez soin de distinguer les deux dernières cartes qui vous sont données. Ce conseil est basé sur ce qu'il peut arriver, lorsque vos premières cartes sont superbes, que vous en témoigniez de la satisfaction, ou que ceux qui vous voient jouer aient l'indiscrétion de le faire; alors celui qui donne fait une faute, mal donne, et annulle ainsi le beau jeu sur lequel vous aviez le droit de compter. J'ai recommandé de remarquer les deux dernières cartes données; l'importance de cette recommandation est pour l'écart : il arrive souvent que les cartes ne sont pas tellement bien mêlées que ces dernières cartes n'aient leur relative ou leur suite dans le talon; car, après avoir joué un coup, toutes les cartes de la même couleur se trouvent ensemble, et quand on n'a pas bien mêlé, on prend quelquefois cinq cartes de même couleur. Ainsi, lorsque vous avez à écarter, et qu'il vous arrive de trouver même parité ou chance entre deux couleurs, par exemple quatre carreaux et quatre piques par as et roi, et que, pour compléter votre écart, vous êtes obligé d'écarter dans une de ces deux couleurs, vous garderez de préférence celle où se trouveront les deux dernières ou la dernière carte qui vous a été donnée : très-fréquemment ce procédé réussit.

Le dernier doit aussi remarquer les couleurs qu'il a levées au talon; lorsqu'il y a danger d'être capot, il est de probabilité qu'il ne pourra y échapper que dans les couleurs relevées.

Il n'est pas toujours reçu que celui qui donne sépare l'écart en deux, faisant le lot du premier et du second en croisant les cartes; cependant, je crois qu'il est bien d'indiquer la séparation. Il arrive souvent que celui qui est le premier prend son écart en faisant glisser les cartes sur le tapis, et en fait glisser six au lieu de cinq : il est obligé d'en repousser une; il peut quelquefois se tromper, repousser une autre que la sixième, et changer par là le talon de celui qui a donné. Quand la séparation du talon a été faite, cette erreur ne peut avoir lieu, et il est impossible aussi de prendre quatre ou six cartes au lieu de cinq, autres erreurs toujours très-funestes et qu'on ne peut punir que très-rarement, les règles à cet égard étant insuffisantes. Là où la règle que je propose n'est pas reçue, il importe très-fort de faire attention à la manière dont le premier sépare le talon pour prendre ses cinq cartes. Évidemment, la plus mauvaise est de faire glisser les cartes sur le tapis : deux cartes peuvent glisser à la fois sans qu'on s'en aperçoive; c'est encore fort important lorsqu'on laisse une carte ou deux, pour que le premier ne puisse pas choisir les cartes qu'il doit laisser.

Si ce n'est point une règle de séparer dans le talon les cartes destinées au premier, il ne faut pas trouver mauvais que, lorsque le premier laisse une carte ou deux, les cinq cartes, avant d'être portées à vue, soient bien étalées sur le tapis suivant leur ordre, de manière qu'il ne puisse point y avoir d'équivoque sur les cartes qui doivent être laissées.

D'après les principes que nous venons d'établir, on doit rarement mal donner sans s'en apercevoir. Cependant, quoique le talon soit complet, un des joueurs peut avoir treize cartes et l'autre onze; si, avant d'aller au talon, on s'en aperçoit, celui qui est le premier a le droit de faire recommencer le coup; s'il n'ordonne pas de recommencer, celui qui a treize cartes en écarte une de plus et ne reprend que le nombre qui lui est attribué : ainsi, s'il est en premier, il écarte six cartes, en prend cinq, le second en écarte deux, en prend trois; si c'est le second qui a treize cartes, il en écarte quatre et il en prend trois, le premier en écarte quatre et en prend cinq. Mais si, avant d'aller au talon, on ne s'est point aperçu de son mal donné, et que la faute ne soit découverte qu'à la dernière levée, celui qui a les treize cartes ne compte rien, et l'autre marque le point qu'il a pu faire; ainsi, si celui qui a treize cartes comptait trente points et l'autre dix-huit, les dix-huit points seront comptés et les trente effacés, peine moins grave que de ne pouvoir compter ni empêcher de compter, parce que le coup peut être joué de cette manière de bonne foi par les deux joueurs, et il faut ainsi se conduire, soit que l'erreur ne soit connue qu'après la dernière levée ou après le talon levé. Mais ce n'est point ainsi qu'on doit punir celui qui aurait treize cartes pour en avoir écarté une de moins et pris nonobstant toute la partie du talon qui lui est attribuée : celui qui commet cette faute, non-seulement ne compte pas, mais il ne peut pas empêcher l'autre de compter son point, ses tierces et les quatorzes, quoique l'adversaire puisse avoir des points supérieurs, celui-ci ne pouvant soustraire au compte de sa partie adverse que les levées qu'il pourra faire et qu'il ne comptera pas. La raison de la différence de ces deux punitions est que, dans le premier cas, les deux joueurs sont en faute, ayant pu vérifier l'un et l'autre que leur jeu était irrégulier, l'un ayant treize cartes et l'autre onze, tandis que, dans le second cas, la faute est entière à un seul. Ainsi, si l'on ne s'aperçoit de la faute qu'à la fin du coup, chacun doit reprendre ses cartes pour laisser à celui qui n'a pas fait faute le droit de compter tout son jeu; il est donc bien important de ne jamais permettre aux joueurs de relever leurs cartes sur leur écart, parce que ce moyen est un de ceux toujours employés par les escrocs, qui cachent l'irrégularité de leur écart en jouant deux cartes à la fois ou en en jetant une dans un pli. Aussi faut-il punir du grand coup celui auquel on découvre treize cartes et qui a relevé ses plis sur son écart, comme celui qui furtivement change les cartes de son écart ou commet une faute que la bonne foi ne peut excuser, car il vaut mieux en agir de la sorte que de jeter le fripon par les fenêtres, sauf à ne plus jouer avec lui. Le grand coup est le point le plus haut qu'on puisse atteindre au piquet. Voici comme il se compose : Dix de cartes blanches, quatorze d'as, quatorze de dames et une quinte à la dame. Il s'additionne ainsi : Dix de cartes blanches, quinte à la dame par six cartes, font 21, qui, ajoutés aux cartes blanches, font 91, plus deux quatorzes, l'un d'as et l'autre de dames, 28, donnent 119, les douze cartes jouées donnent 131, qui fournissent le soixante, 161 (nous n'avons compté les douze cartes jouées en capot que 12 et non 13 comme le font la plupart des joueurs : nous en donnerons plus tard le motif) ; en ajoutant à 161 quarante pour capot, cela donne 201, et, suivant ceux qui comptent les cartes pour treize au capot, 202. Or, au piquet à écrire, ce nombre se paie à celui qui le fait en dernier, d'abord vingt-deux jetons pour le point, huit pour les as, huit pour quatre-vingt-dix en dernier, quatre pour le soixante en dernier, huit pour le capot, en tout cinquante jetons ou cinq fiches que doit donner celui qui, pour les causes avant dites, peut être puni du grand coup, qu'il soit en premier ou en dernier, et sans préjudice à ce qu'il peut devoir du coup précédent. Le coup que nous venons d'indiquer ne peut se faire en dernier à cause des cartes blanches : il suppose que l'on a pris au talon quatre dames et un valet ; mais, en dernier, on peut faire le grand coup par quatre tierces majeures ; ce dernier n'est inférieur que d'un point à celui que nous avons détaillé et que nous avons choisi comme n'étant connu que de très-peu de joueurs.

Sitôt qu'on a touché son talon, bien qu'on ne l'ait pas encore porté à vue, on n'a plus le droit de changer les cartes de son écart. Les cartes destinées à l'écart doivent être bien séparées des cartes conservées ; il ne faut pas permettre que celles-ci soient posées en petits paquets. J'ai connu un industriel qui rangeait ainsi ses cartes, en sorte qu'il relevait ses paquets suivant ce qu'il prenait au talon, en laissant cinq cartes. C'est ce qui s'appelle faire double écart, à choix. J'ai vu agir ainsi avec une adresse incroyable.

Si, par mégarde, le premier a levé six cartes au lieu de cinq, qu'il les tienne encore à vue sans les avoir portées à son jeu, il sera obligé de les abattre à découvert, et l'adversaire aura le droit de choisir dans les six cartes celle qui lui conviendra. Si les cartes ont été mêlées au jeu, le premier ne comptera rien et ne pourra empêcher l'autre de compter, si mieux n'aime le dernier d'ordonner que tout le marqué soit recommencé, ce qui peut faire effacer au premier les points qui pouvaient lui rester du coup précédent. Si, par mégarde, le premier, sans lever une carte qui appartient au talon de son adversaire, en a cependant retourné et mis en vue une ou deux, pour cette faute, suivant qu'il aura vu une, deux ou trois cartes, il sera obligé de rentrer une, deux ou trois fois par la couleur que lui indiquera son adversaire. Si le premier, après avoir écarté cinq cartes, n'en lève que quatre, le second, qui trouve quatre cartes au lieu de trois et s'aperçoit de la méprise du premier, peut alors remettre à celui-ci la carte omise par lui; s'il y a faute de la part du second de l'avoir vue, c'est à la négligence du premier qu'il faut l'attribuer; mais s'il porte les quatre cartes dans son jeu, il commet une faute et ne compte rien, mais empêche de compter, comme pour le coup joué à treize cartes par la faute de celui qui a donné.

Lorsque le premier ne veut écarter que deux ou trois cartes, enfin moins de cinq auxquelles il a droit, il en prévient la partie adverse, prend ensuite les cartes du talon suivant l'ordre où elles sont placées; il n'a pas le droit de les choisir, mais il peut voir les cartes du talon qu'il laisse à son adversaire. Si nonobstant la règle que nous venons d'indiquer, il avait fait un choix et n'avait pas pris les premières, le second aurait le droit de faire retourner à vue la portion du talon réservée au premier et de choisir les cartes qui devaient lui être laissées.

Si le premier n'a pas prévenu qu'il laissera des cartes, et qu'il en laisse, ayant fait un écart conforme, le second, non prévenu, a pu porter à vue les cartes laissées en son talon, mais il ne peut prendre que trois cartes, et il a seulement le choix de prendre les cartes laissées par son adversaire, suivant l'ordre, ou de les laisser et de prendre le talon qui lui était destiné; il ne peut écarter en plus pour prendre le tout, sitôt qu'il a porté à vue le talon. S'il prend la totalité des cartes, comme alors il en aura plus de douze à son jeu, il sera puni de la peine de celui qui joue avec treize cartes, il ne comptera rien, mais empêchera de compter.

En général, quand on laisse des cartes de son talon, on est obligé d'en prévenir l'adversaire; on ne peut pas laisser tout le talon, chaque joueur est obligé d'écarter au moins une carte et de la remplacer par une du talon.

Quand le dernier laisse une ou deux cartes, et qu'il les a vues, le premier a le droit de les voir aussi après avoir indiqué par quelle couleur il rentrera. Si le second n'a pas vu les cartes qu'il laisse, le premier n'a pas le droit d'en réclamer la vue.

D'après ce qui précède, on voit combien est utile la règle que nous avons établie, d'obliger celui qui donne à compter le talon avant de poser les cartes; combien lève de difficultés le conseil que nous avons donné de partager dans le talon les cartes pour les écarts du premier et du second.

Lorsque le dernier, par mégarde ou autrement, donne quatre cartes de suite au premier, ou qu'enfin, par une cause quelconque, l'un des joueurs a quatorze cartes, le coup est nul et doit être recommencé. Si l'un des joueurs donne deux fois de suite, se trouve deux fois second, lorsque la main devait passer à son adversaire, le coup doit être annulé si l'on s'en aperçoit avant d'accuser le jeu; si l'on ne s'aperçoit de l'erreur qu'après que le jeu est accusé et reçu pour le tout, et qu'on est sur le point de compter les levées, alors le coup est bon, mais il ne sert que pour le marqué qui doit suivre. Ainsi on annotera le résultat de ce coup pour le porter au marqué suivant, et on terminera le marqué commencé sous la donne de celui qui devait la faire.

Celui qui donne doit déposer le talon à sa droite, celui qui relève les cartes doit aussi les déposer à sa droite. Cet usage est fort utile : il contribue à empêcher les erreurs dans les donnes, indique par le fait qui doit donner ou non.

Nous engageons les joueurs à mettre beaucoup d'ordre dans leur jeu, à bien ranger leurs cartes. Les personnes qui aiment l'arrangement et l'ordre dans leurs affaires en portent ordinairement dans leur jeu. Les gauchers rangent leurs cartes de droite à gauche, ce qui quelquefois leur fait commettre des erreurs sur les figures. C'est une mauvaise méthode, qui me fait dire d'eux qu'ils ont appris le piquet sur les parvis de la synagogue. Ils sont obligés continuellement de pousser leurs cartes, et rendent leur jeu fort difficile à lire à la galerie. Un bon arrangement facilite singulièrement le jeu; on ne peut donc trop le recommander.

Avant d'aller aux cartes, de prendre au talon, on doit vérifier si l'on n'a point de cartes blanches, c'est-à-dire absence entière de figures; alors on en prévient son adversaire en lui disant d'écarter sur cartes blanches, et lorsque son écart est fait, on compte à découvert les douze cartes les unes sur les autres, de manière à faire voir à la partie adverse qu'on n'a point de figures; mais il n'a pas le droit d'examiner le jeu. Les cartes blanches comptent dix à celui qui les a, et s'additionnent à ses autres points.

Le talon levé, le premier accuse son point. Ne répondez jamais à ceux qui vous disent : J'ai six cartes ou cinq. Cette manière d'accuser est insidieuse et tend à savoir si vous avez le même nombre de cartes au point, et il peut être fort utile à vos intérêts que cette particularité soit ignorée de votre adversaire. Il faut donc toujours accuser le point par sa valeur en points, et non par le nombre de cartes qui le compose. En général, on ne peut revenir sur son annonce de jeu pour indiquer une valeur supérieure à celle primitivement accusée, lorsque l'adversaire a prononcé bon ou mauvais. Cette règle doit être suivie sévèrement. Ainsi, si l'on accuse pour point cinquante, et que l'adversaire ait dit : Ne vaut pas ou est égal, on ne peut plus dire j'ai cinquante-un ou soixante, car le premier point indiqué étant refusé, vous avez appris que votre adversaire avait cinquante aussi ou plus. Cette découverte, due à la fraude ou à l'étourderie, est une faute dont on ne doit pas profiter; dans cette circonstance, vous ne comptez pas le point, et si la rectification vous donne un nombre de points supérieur à celui de votre adversaire, ni l'un ni l'autre ne compte le point, et si l'adversaire a un point supérieur à celui que vous possédez, il le compte; mais on peut toujours revenir lorsque, sur l'accusé du point, on s'est trompé en trop. Le point accusé doit être mis sur table et non pas présenté à la main, parce que l'adversaire a le droit de le vérifier, et qu'il peut arriver qu'on se soit trompé, qu'on ait compté un neuf pour un dix, un sept pour un huit, ou qu'il y ait erreur sur les as ou sur quelques figures, ce qui arrive encore assez souvent aux gauchers.

Il est reçu que lorsque le point n'est que de trois cartes, il doit compter quatre au lieu de trois.

Le point reçu, on passe aux séquences : par le motif donné ci-dessus, si l'on accuse une quarte lorsqu'on a une quinte, et que l'adversaire ait dit : Ne vaut pas ou est égal, on ne peut plus offrir sa quinte. Dans ce cas, si l'accusé est reconnu égal par l'adversaire, ni l'un ni l'autre ne peut plus compter aucune séquence, et si l'adversaire a quelque chose de mieux que ce qui a été accusé, mais égal seulement à ce que possède le premier, ni l'un ni l'autre ne compte non plus; mais ce n'est pas faute lorsqu'on a compté une tierce, qui a été trouvée bonne, de compter ensuite une quatrième ou une quinte. Ce que réprime la règle, ce sont les questions insidieuses qui auraient pour objet de connaître le jeu de son adversaire. Les séquences reconnues bonnes ou égales doivent être mises sur table de manière à pouvoir être vérifiées par l'adversaire, comme pour le point.

Les séquences vérifiées, on passe à l'énoncé des quatorzes, dont on doit toujours indiquer la qualité en commençant par le plus haut; car si on commençait par le plus bas, et que l'autre eût un quatorze supérieur, on ne pourrait plus compter le quatorze supérieur. Les quatorzes ne se mettent pas ordinairement sur table. Quelques joueurs prétendent que lorsqu'on ne peut avoir qu'un quatorze, il est inutile d'indiquer sa qualité. Je ne vois pas l'utilité de cette distinction, qui doit forcer l'autre à des recherches. J'ai vu tant d'abus résultant de restrictions dans ces déclarations, que je n'hésite pas à proposer comme règle l'obligation d'indiquer le quatorze. J'ai vu un joueur, qui pouvait avoir un quatorze de dames, dont il avait écarté une, croire avoir un quatorze de dix, et le compter, et en jouant s'apercevoir seulement qu'il avait pris un neuf pour un dix. Il pourrait se faire que vous pussiez avoir quatorze de rois, et celui de dix, que la partie adverse n'ait pas remarqué cette possibilité ; vous accusez quatorze, l'adversaire croit que vous avez quatorze de rois, tandis que ce sont les dix, et vous laisse compter, tandis qu'il a les quatre dames en main. Mais lorsqu'on indique la qualité du quatorze, l'adversaire peut vérifier plus facilement votre déclaration et la réformer s'il y a lieu.

Celui qui compte un quatorze dont il a écarté une carte commet une faute grave. Comme cela ne se vérifie ordinairement qu'après le coup joué, il doit être puni par l'annulation de tout son jeu, et ne peut compter ni empêcher de compter. Ainsi, on reprend les cartes pour laisser à l'adversaire le droit de compter tout son jeu.

Après avoir compté les quatorzes, si on en a, on accuse les trois as, rois, dames, valets ou dix, qu'on peut avoir, mais toujours par les plus hauts, car si vous annonciez trois dames dans l'intention d'apprendre, par cette ruse, si l'adversaire a trois rois, et qu'effectivement il les eût, vous ne pourriez plus compter trois as que vous auriez, en sorte que vos trois as et dames, comme les trois rois de l'autre, ne seraient plus comptés. Mais si les trois dames étaient bonnes, vous pourriez encore compter vos trois as. Vous ne pouvez, par finesse légitime, courir ce danger, comme celui d'annoncer une tierce avant une quarte, quand cela vous est utile pour la principale chose, qui est de faire les cartes, ou de se faciliter à faire capot. Ainsi, on peut, lorsque vous avez quatorze de dames et trois as, que vous n'avez point de rois, annoncer vos trois as; s'ils sont bons, votre quatorze de dames, que vous annoncez après compte, et si vos as ne sont point bons, il est inutile de faire connaître à votre adversaire votre quatorze de dames.

Souvent, quand on s'est assuré que cinq cartes doivent donner le point, on n'en montre pas six, que l'on a, pour faire croire qu'on est gardé à une couleur qui est quelquefois absente de votre jeu, ou dont le roi n'est pas gardé; d'autres fois, c'est une tierce à la dame qu'on ne montre pas, ou trois dix ou trois valets qu'on n'accuse pas. A l'aide de ces retenues, qui sont des finesses légitimes à l'usage des bons joueurs, on parvient à dérouter la partie adverse dans la manière de jouer les cartes. Quelquefois, si on a écarté un roi ou une dame d'une couleur quelconque, on en conserve le sept ou le huit, et lorsque votre adversaire, qui rentre dans cette couleur, voit que vous fournissez une basse carte, il vous croit gardé et change de couleur; alors vous profitez de son erreur. Il faut savoir à propos employer ces ruses, qui sont le véritable mérite d'un joueur de piquet, et la fraude ou la maladresse dans leur emploi sont toujours punies, comme on l'a vu précédemment.

Il est donc toujours fort important que la galerie ne dise jamais rien tant que le coup n'est pas joué : en voulant relever un oubli, elle peut quelquefois compromettre votre jeu; en vous empêchant de faire une faute, elle prive l'adversaire de la peine qui doit réprimer cette faute. Mais quand le coup est joué, les points assurés, alors la galerie peut relever les fautes et erreurs commises, et s'il y a motif à les réparer, on les répare ou on les punit; mais rien n'est plus gênant que les personnes qui font des observations pendant la donne et pendant les décomptes; cela occasionne souvent des fautes d'attention, des mal donné et des erreurs de compte.

Toutes ces choses bien réglées, le point, les séquences, les quatorzes et les trios comptés, on doit jouer les cartes. C'est essentiellement dans cette partie que se fait remarquer le mérite du joueur. Sur ce point essentiel, nous croyons devoir faire rectifier deux règles assez généralement reçues : la première est le droit qu'on accorde à l'un des joueurs de demander à sa partie adverse, dont le point était bon, combien il lui reste de cartes de son point. Là où cette règle est admise, il se commet souvent des abus qui ne sont point punissables : on demande combien de treffles, de cœurs de votre quatrième, et l'autre, avant d'avoir réfléchi que ces demandes ne tombent pas sur son point, a déjà répondu. Sans doute, il a tort : il pouvait se refuser de répondre à ces questions insidieuses ; pour moi, elles équivalent à celles : Montrez-moi votre jeu? Et là où je n'ai pu faire rejeter cette prétendue règle, lorsqu'on m'adresse de semblables questions, quoique dans la sphère de leur légalité, je réponds ordinairement en montrant ce qui reste de mon jeu, et rarement cette manière de répondre ne m'a fait plus de tort que ne me produit l'obligation de satisfaire purement à la question ; mais s'il y a un certain mérite à bien jouer le piquet, c'est parce qu'il exige une certaine attention. Après les accusés, chaque joueur doit connaître à peu près le jeu de sa partie adverse. Au surplus, si on a prêté attention aux cartes qui ont été jouées, cette question : Combien du point? est oiseuse, car on doit savoir ce qui reste du point. Ainsi, cette prétendue règle doit être rejetée, comme entraînant des abus, comme diminuant de beaucoup le mérite des joueurs, comme étant fort inutile à ceux qui prêtent attention à leur jeu.

La seconde règle qu'il importe de réformer est celle de laisser compter treize pour les cartes à celui qui fait capot ; celui qui fait la dernière levée ne la compte double que pour pouvoir égaler les points. Lorsque les levées sont égales entre les joueurs, celui qui joue compte un point, et l'adversaire qui lève cette carte par une supérieure, compte aussi un point. Ainsi, une levée procure deux points, un à chaque joueur. En supposant que le premier passe six levées de suite, la rentrée pour la septième levée lui fait sept points ; le second, qui fait les six dernières levées n'aurait que six, si la dernière ne comptait pas double ; il fallait adopter cette règle pour égaler les points entre les joueurs, comme leurs levées. Mais, dans un capot, les circonstances n'existant pas, ce ne peut être qu'abusivement que la dernière est comptée double.

Dans certaines localités, on admet le soixante en dernier, lorsque le premier n'a pu rien faire valoir de son jeu, et qu'il n'a point rentré une carte marquante. On appelle carte marquante celle dont on fait la levée. Ainsi, lorsque le second a le quatorze d'as, il n'est pas possible au premier de rentrer une carte marquante. Nous croyons ne pas devoir adopter cette règle, qui, d'ailleurs, est peu connue.

S'il arrivait qu'un des joueurs renonçât à une couleur, quoique cependant il pût en fournir, en cette circonstance seule la galerie a le droit de prévenir. Mais si l'erreur n'a été vérifiée qu'après deux levées ou après le coup joué, et comme cette erreur pourrait être profitable à celui qui l'a commise, alors on reprend son jeu, et, pour punition, au lieu de jouer comme on l'a fait, celui qui a commis l'erreur est obligé de rentrer par les couleurs que son adversaire lui indique.

Le coup joué, chaque joueur a le droit de demander à voir l'écart de son adversaire; cette vue sera la preuve que le coup a été joué régulièrement.

A ce qui précède, on pourrait ajouter divers conseils, mais tous ceux qui ont acquis l'usage de ce jeu, trouvent dans leur expérience ce qu'ils doivent rechercher, ce qu'ils doivent éviter, et les conseils seraient mal compris des novices. Dans le piquet, il y a des ruses permises, mais toutes les irrégularités doivent être punies. Donner plus de facilités que n'en comporte la présente règle, c'est enlever au jeu son attrait, son piquant, c'est le changer en jeu de hasard ordinaire. En général, on ne doit jouer qu'avec des honnêtes gens; mais si des circonstances vous donnent pour adversaire un homme enclin à tromper, il faut que les règles soient assez sévères pour entraver sa coupable inclination et punir convenablement ses fautes sans occasionner de disputes et sans recourir au moyen extrême de le jeter par les fenêtres.

C'est au jeu qu'on reconnaît le caractère des personnes, si elles sont calmes, rangées, douces ou violentes, si elles font du jeu une passion. Il est impossible à l'homme un peu observateur de ne point reconnaître quelle éducation vous avez reçue, de quelle capacité vous êtes pourvu, ce qui distingue votre caractère, lorsqu'il a dîné et joué avec vous. On ne peut pas tellement s'observer pendant tout ce temps qu'on ne laisse, à diverses fois, percer son naturel, et ceux qui s'étudient à cacher leurs défauts, qui veulent imiter les manières des autres, sont ordinairement guindés, gênés; ils sont rarement assez patients pour pouvoir, pendant tout ce temps, cacher leurs habitudes. Nous engageons donc ceux qui ont en vue des projets d'association ou de négociations, à inviter à dîner les personnes qu'il leur importe de connaître : une soirée passée avec elles leur suffira pour les juger.

FIN.

NANCY, IMPRIMERIE DE DARD, RUE DES CARMES, 22.

www.ingramcontent.com/pod-product-compliance
Ingram Content Group UK Ltd.
Pitfield, Milton Keynes, MK11 3LW, UK
UKHW021818190726
13853UKWH00003B/1037